FOTOGRAFIE *Fabio Petroni*

TEXTE *Anna Maria Botticelli*

ORCHIDEEN

Redaktionelle Leitung *Valeria Manferto De Fabianis*

Grafische Gestaltung *Marinella Debernardi*

Redaktion *Laura Accomazzo und Giorgio Ferrero*

„Inhalt"

Einführung	*Seite 10*
Magie	*Seite 14*
Leidenschaft	*Seite 62*
Anmut und Eleganz	*Seite 114*
Extravaganz	*Seite 156*

Faszinierend, charmant, liebenswert, spektakulär und oft geheimnisvoll. Wie könnte man dem Zauber von Orchideen widerstehen? Diese außergewöhnlichen Pflanzen sind vom Äquator bis zum Polarkreis, von den tropischen Küsten der Ozeane bis zu den Regenwäldern, die die Berghänge bis zum Rand der Gletscher bedecken, verbreitet. Sie zählen zu den am weitesten entwickelten Familien im Pflanzenreich, die sich in Tausende von Arten (rund 25 000) und weitere 100 000 Hybriden aufteilt, von denen viele auf natürliche Weise entstanden, die meisten aber von Menschenhand erschaffen wurden.

Es ist daher kein Zufall, dass dank der anspruchsvollen Arbeit der Botaniker und Züchter, etwa zweihundert Jahre, nachdem die ersten Orchideen nach Europa kamen, die „neuen Orchideen" zu den bekanntesten, beliebtesten und am weitesten verbreiteten Blumen gehören. Im Vergleich zu den „alten" Arten haben sie auffälligere Blüten und sind zweifellos auch viel leichter zu kultivieren.

Es ist ein großes Glück, diese Pflanzen, die früher so selten und ungewöhnlich waren, heute zu Hause aus der Nähe betrachten zu können. Manche sind stark und robust, andere dagegen dünn und zart wie Grasbüschel. Sie haben Wurzeln, die sich in der Natur an der Rinde von Bäumen festkrallen und frei in der Luft hängen können (was typisch für epiphytische Orchideen ist), zwischen Felsspalten kriechen (wie die litophytischen Orchideen) oder sich in der weichen Humusschicht am Boden verbergen (ein Merkmal der sogenannten terrestrischen Orchideen). Und dann tragen diese Pflanzen, jede nach ihrem eigenen biologischen Rhythmus, große oder kleine Blüten in so spektakulären Formen und Farben, die sie so fein ausgearbeitet wie kostbarer Schmuck erscheinen lassen.

Von der grenzenlosen Bewunderung für diese außergewöhnlichen Gewächse handelt dieses Buch. Luigi Callini, ein Sammler und Gärtner, der sich auf Orchideen spezialisiert hat, wählte dafür die bedeutendsten Arten und Hybriden dieser riesigen Familie aus. Fabio Petroni, einem anerkannter Fotografen für Stillleben, der mit einer seltenen Sensibilität für die Natur gesegnet ist, gelang es, mit dem Objektiv die kleinsten Details zu erfassen und so jede Pflanze zu einem einzigartigen, unverwechselbaren Sujet zu machen.

„Einführung"

Die Versuchung ist gross, die Seiten dieses Buches schnell umzublättern, um alle Blumen in einer einzigen Bewegung wie ein grosses Bouquet zu erfassen. Dann jedoch wird der Blick, der Spiegel der Seele und des Herzens, unwiderstehlich von den einzelnen Bildern angezogen und sich all die Zeit nehmen, die er braucht, um zu staunen und zu träumen.

Es sind tatsächlich Emotionen, die durch die Abbildungen ausgelöst werden, und Träumereien, zu denen das Lesen der wahren Geschichten anregt. Nicht zuletzt deshalb ist dieses Buch in vier Kapitel mit den beziehungsreichen Titeln Magie, Leidenschaft, Anmut und Eleganz sowie Extravaganz eingeteilt.

Das Kapitel **Magie** erinnert an die Überraschung und das Erstaunen, das der Anblick einer Orchidee bei nahezu jedem auslöst, der sie wahrnimmt. Wenn „Schönheit im Auge des Betrachters" liegt, wie ein bekanntes Sprichwort sagt, gibt es nichts Bezaubernderes als den Anblick einer Orchideenblüte. Die Geschichtensammlung im Kapitel **Leidenschaft** handelt von der Geburt einer Liebe und von der tiefen Befriedigung, eine ganz besondere Orchidee zu besitzen und sie zum Blühen zu bringen. Man findet darin aber auch Begebenheiten, die wie ein feines Netz die grossen Wissenschaftler der Vergangenheit mit den leidenschaftlichen Sammlern unserer Tage verbinden. In **Anmut und Eleganz** geht es um die Freude am Erhalten oder Verschenken der ersten Orchidee, um die Emotionen beim Anblick der Frische und Leichtigkeit mancher Blüten, vor allem der weissen, fast durchsichtigen, oder der besonders auffälligen Schattierungen der samtigen Blütenblätter. Einige Blüten sind in artigen Bögen angeordnet wie die Noten eines Musikstücks, andere stehen einzeln, wie Prominente, wobei keine der anderen gleicht, als ob sie verschiedene Gewänder tragen würden.

Tatsächlich sind auch Orchideen, was Farben und Formen angeht, dem Modediktat unterworfen. Und wie in der Modewelt werden uns dank der unermüdlichen Arbeit der Züchter, die so kreativ und fähig sind wie grosse Designer, jedes Jahr bei internationalen Veranstaltungen neue Kollektionen vorgestellt. Die Orchideen im Kapitel **Extravaganz** sind Ausdruck der höchsten Evolutionsstufe, die jeder einzelnen Spezies dieser riesigen Familie ihren einzigartigen Charakter und ihre Identität verleiht.

Das manchmal bizarre Aussehen, das raffinierte Zurschaustellen der Blüte, der Duft, der nicht immer angenehm ist, all das ist der subtile und präzise Ausdruck ihrer Identität, mit dem Ziel, bestäubende Insekten anzulocken, um das Überleben ihrer Art zu sichern.

Magie, Leidenschaft, Anmut und Eleganz sowie Extravaganz, die Themen dieses Buches, sind wahre und leicht zu teilende Empfindungen, auch wenn sie je nach Sensibilität des Einzelnen unterschiedlich wahrgenommen werden. Diese Emotionen, die Fantasie und Sinne anregen, erwecken in uns auch den Wunsch, etwas mehr über die Männer und Frauen zu erfahren, deren Leidenschaft seit Beginn des 19. Jahrhunderts bis in Gegenwart den Orchideen gilt. Gemessen an den 100 bis 120 Millionen Jahren, seit denen es schon Orchideen auf der Welt gibt, ist das natürlich ein sehr kleiner Zeitraum, aber er steckt voller spannender Geschichten, die den Zauber von Märchen ausstrahlen.

Viele dieser Geschichten, alte und neue, sind in den Texten zu finden, die die Fotos begleiten, weil sie in irgendeiner Weise mit der Entdeckung oder der Geburt einer bestimmten Orchidee zu tun haben. Es geht dabei oft um besondere Persönlichkeiten, um Abenteurer, die auch „Pflanzenjäger" genannt werden. Auf der Suche nach neuen Orchideen durchstreifen sie die unendlich grossen tropischen und subtropischen Wälder an den unzugänglichsten Orten des Globus. Derartige Expeditionen wurden zunächst von Botanikern (anfänglich vor allem von britischen, später auch von französischen und belgischen) in Auftrag gegeben, die tropische Pflanzen besitzen wollten, teilweise aber auch von reichen Geschäftsleuten, die die Mittel besassen, derart lange und gefährliche Unternehmungen zu finanzieren. Auf diese Weise wurden Orte entdeckt, die noch nie zuvor ein Mensch gesehen hatte. Vor allem im 19. Jahrhundert wurde dank dieser grossartigen menschlichen Leistungen das geografische Wissen über Amerika, Asien, Afrika und Ozeanien neu bestimmt und vertieft.

Als die exotischen Orchideen nach Europa kamen, stieg auch das wissenschaftliche Interesse an der Verbesserung der Kultivierungsmethoden. Die Orchideen, ehemals Prinzessinnen in den Salons der Aristokratie, wurden zu Königinnen der viktorianischen Gewächshäuser mit ihren grossen Fenstern. Gleichzeitig wurde es notwendig, diese kostbaren Geschenke der Natur zu katalogisieren, botanisch zu sortieren und ihnen Namen und Beinamen zu geben, von denen viele untrennbar mit den grossen Persönlichkeiten jener Epoche verbunden sind. Durch die Klassifikation, die in diesem Buch auch als „Taxonomie" bezeichnet wird, ist es möglich, jedem Gewächs seinen richtigen Platz in der Pflanzenhierarchie zuzuweisen. Inzwischen liess sich durch die Anwendung neuester Technologien auch das genetische Profil der Orchideen genauer bestimmen. Das Ergebnis? Bisher unbekannte verwandtschaftliche Beziehungen, umgestürzte Stammbäume und viele neue botanische Namen, die es sich zu merken gilt.

Im Jahr 1862 schrieb der englische Naturforscher Charles Darwin eine Abhandlung über die Bestäubung von Orchideen durch Insekten. In Anbetracht des Mangels an geeigneten Insekten in der Alten Welt und trotz zaghafter Versuche einer künstlichen Befruchtung, mit denen hundert Jahre nach Ankunft der ersten Orchideen in Europa begonnen wurde, bleibt die Vermehrung von Orchideen „in Gefangenschaft" ein Problem, das noch gelöst werden muss. Bis zum letzten Jahrhundert wussten die englischen und französischen Biologen und Spezialisten für Pflanzenphysiologie nicht, wie man Samen in steriler Umgebung zum Keimen bringt und Tausende von Orchideen aus einer einzigen (Frucht-)Kapsel erhält, die sich infolge einer künstlichen Befruchtung bildet.

Dann setzte eine neue Epoche ein, in der die Orchideen immer mehr Anhänger fanden, die zunächst schüchtern, dann immer fordernder in ihren Ansprüchen wurden. Von den Sechzigerjahren bis Mitte der Achtziger galten Orchideen als Statussymbol. Zum Ende der Achtziger waren sie schon wichtiger Bestandteil von Blumensträussen. Das war vor allem der Hybridisierung zu verdanken, das heisst der Möglichkeit, immer „modernere" Orchideen zu erschaffen. In jüngster Zeit ist man zum Klonen übergegangen, einer Methode der ungeschlechtlichen Fortpflanzung, mit der man Tausende von identischen Pflanzen aus einer Mutterpflanze gewinnt. Seitdem nehmen Orchideen in voller Blüte eine Vorrangstellung unter den Blumen ein. Dank der unermüdlichen wissenschaftlichen Forschung ist der Besitz einer Orchidee nicht mehr länger das exklusive Vorrecht einiger weniger, sondern ein Hobby, das jeder ausüben und geniessen kann.

1 *Masdevallia constricta*. 2-3 *Pleurothallis dilemma*. 4-5 *Phalaenopsis* Taida Pearl. 6-7 *Cymbidium tracyanum*. 8-9 *Phalaenopsis* Hilo Pink.

„Magie"

Nichts ist bezaubernder als eine Orchideenblüte. Man kann sich nur schwer dem unwiderstehlichen Charme ihres Aussehens entziehen, das so andersartig ist als das der Blumen, die wir kennen, wie zum Beispiel der Margerite. Der magische Bann, in den eine Orchideenblüte den menschlichen Geist zieht, hat uralte Wurzeln. Es hat mit der aussergewöhnlichen Symmetrie zu tun, die uns an unseren eigenen Körper erinnert. Würde man die Blüte mit einer scharfen Klinge in der Mitte in zwei Teile schneiden, von der Spitze des Kelchblatts, des dorsalen Sepalums, bis zum äussersten Vorsprung der Lippe, des Labellums, erhielte man zwei spiegelgleiche Hälften. Dasselbe geschähe, würde man unser Gesicht in der Mitte teilen. Magie ? Nein, ganz sicher nicht. Dies sind vielmehr die unmittelbaren Auswirkungen einer Realität, die fasziniert, weil sie so offensichtlich wahrnehmbar ist. Man kann dies besonders gut bei den Blüten der Frauenschuhe (Paphiopedilen), einer terrestrischen Gattung aus Südostasien, feststellen. Sie sind gross und an den richtigen Stellen linear, sodass man alle Teile der Blüte gut erkennen kann, unabhängig von wo aus man sie betrachtet : von vorne, von der seite oder von hinten. Sie ist sozusagen ein universales Modell, das die Eigenschaften einer Orchideenblüte anschaulicher zeigt als jede andere. Da gibt es natürlich das Labellum, der auffälligste Teil der *Paphiopedilum* und gewölbt wie der Pantoffel eines Adeligen im späten Mittelalter. Es scheint, als hätte die Natur ihre ganze Fantasie spielen lassen, um die Orchidee für bestäubende Insekten möglichst gut sichtbar und attraktiv zu machen. Das Labellum wird von zwei Kronblättern (Petalen) flankiert, deren Form je nach Art variiert. Sie sind oft mit fantasievollen Mustern und Ornamenten verziert und breiten sich verlockend wie zwei Arme aus. Am oberen Ende sitzt das dorsale Sepalum, das sich in Zusammensetzung und Farbe von den anderen Teilen der Blüte unterscheidet, manchmal bizarr geformt, aber immer in schützender Haltung. So viele unzählige Details, so viele Gemeinsamkeiten mit unserem Körper und der Mannigfaltigkeit unserer Gesichtszüge. Immer ein Individuum, gleichzeitig den strengen Richtlinien der Anerkennung unterworfen, die der ästhetische Kanon vorschreibt. So ist es bei uns und auch bei den Orchideen, die mit der wunderbaren Fähigkeit ausgestattet sind, uns Menschen auf verschiedenste Weisen emotional zu berühren und zu verzaubern.

Dies kann auch Giancarlo Pozzi bestätigen. Er ist ein italienischer Sammler und Gärtner, der seit fünfzig Jahren mit Orchideen lebt und zu einem grossen Interpreten mitreissender und unglaublicher Geschichten wurde, mit denen er ein grosses Publikum fasziniert. Schon als junger Mann begann er in Italien *Cattleyen* (in beheizten Gewächshäusern) und *Cymbidien* (in unbeheizten Gewächshäusern) zu züchten. Die damalige Mode verlangte nach den Blüten dieser faszinierenden Orchideen als Schnittblumen. Die *Cattleyen*, Urenkel jener schönen Arten, die bereits Mitte des 19. Jahrhunderts aus Südamerika gekommen waren, waren mit ihren üppigen Labellen am besten geeignet, die Dekolletés von Damen zu schmücken. Die mächtigen Stängel der *Cymbidien*, deren Heimat der Himalaya ist, wiederum sind in der Lage, mehr als zehn Blüten zu tragen. Diese waren für das Revers am Festtagsanzug der Männer bestimmt oder als Geschenk für die Damen anlässlich einer Einladung zum Ball. In jener Zeit, in den Siebzigerjahren des vergangenen Jahrhunderts, erzählt Pozzi, hatten alle Floristen, die vom Blumenmarkt in Mailand kamen, einen Korb mit *Cymbidien* als Schnittblumen auf ihrem Wagen. Niemand hätte je vermutet, dass sie einmal aus der Mode kämen. Doch Mitte der Achtzigerjahre wandte sich der Publikumsgeschmack von der *Cymbidium* ab und einer anderen, ausserordentlich schön blühenden Orchidee zu, nämlich der bezaubernden *Phalaenopsis* aus Südostasien. Pozzi ergriff nicht nur die Gelegenheit, den neuen Trend mitzumachen und die *Phalaenopsis* einfach nur zu züchten; angetrieben von seiner Liebe zu ihnen, war er in den Neunzigerjahren einer der Ersten, der sein Wissen über die Wildarten vertiefte, grosse Sammlungen davon anlegte und sie, in seinem persönlichen Streben nach Schönheit, kreuzte, um dadurch neue Hybriden zu erschaffen. Denn, wie Pozzi sagt und sich dabei auf einen Satz von Dostojewski bezieht: „Es ist nicht die Stärke, sondern die Schönheit, die die Welt retten wird."

14-15 *Phalaenopsis* Shih Hua Smile.

Der Charme vergangener Zeiten

Es gab eine Zeit, in der man sich eine *Cattleya*-Blüte an die Abendkleidung steckte wie ein kostbares Juwel, bevor man ins Theater ging. In den Dreißigerjahren des vergangenen Jahrhunderts wurden die ersten *Cattleya*-Hybriden mit üppigen, großen Blüten von Paris aus an die Adelshäuser Europas verschickt, wo man sie schon voll Ungeduld erwartete. Vierzig Jahre später, dank des milden ligurischen Klimas und der Unermüdlichkeit einiger Züchter, begannen *Cattleya* auch in Gewächshäusern auf den Hügeln Genuas über dem Meer zu blühen. In den Achtzigerjahren durfte die Königin der Orchideen in den Schaufenstern der angesagtesten Floristen nicht fehlen. Präsentiert in aufwändiger Verpackung, war diese kostbare Blume als Geschenk bei Verlobungen, Hochzeiten, Geburtstagen und Abschlussfeiern nicht wegzudenken. Aber die Mode ist launisch, und durch das Auftauchen neuer Arten verblasste der Ruf der *Cattleya* als begehrteste Blume. Nachdem sie einige Zeit in Vergessenheit geraten war, ist sie heute jedoch wieder eine gefragte Orchidee, die mit ihrem unvergänglichen, altmodischen Charme die süße Erinnerung an vergangene Zeiten weckt.

CATTLEYA-HYBRIDE

Wie der Himmel am frühen Morgen

PHALAENOPSIS MISS SAIGON

Das Musical *Miss Saigon* von Claude-Michel Schönberg und Alain Boublil aus den Achtzigerjahren wurde von Puccinis Oper *Madame Butterfly* inspiriert. Es spielt zu Beginn der Siebzigerjahre in der südvietnamesischen Hauptstadt und erzählt die ergreifende Liebesgeschichte zwischen einem Mädchen auf der Suche nach Freiheit und einem US-amerikanischen Soldaten. Vielleicht war es diese zarte Geschichte, die der *Phalaenopsis*-Hybride aus dem Jahr 1999 ihren Namen gab. Ihre Blüten, die an langen Stängeln sitzen und sich nacheinander öffnen, erinnern mit ihren hellen Farben an den Himmel am frühen Morgen. Die *Phalaenopsis* Miss Saigon verströmt die liebliche Atmosphäre Südostasiens, dem Ursprungsland dieser schönen Orchideengattung.

Erschaffen von der Orchideenzucht Röllke, einem traditionellen deutschen Unternehmen für die Zucht und Hybridisierung von Orchideen, gehört diese *Phalaenopsis* mit ihrer zarten zitronengelben Farbe schon jetzt zu den attraktivsten und begehrtesten ihrer Art.

PHALAENOPSIS SURF SONG ‚OX GOLD ORANGE'

Liebe liegt in der Luft

Das Goldorange dieser Orchidee weckt sofort die Erinnerung an die romantische Atmosphäre eines Abendessens bei Kerzenschein, wenn jeder Luftzug die Nuancen des Flammenlichts intensiviert und vibrieren lässt. Eine so spezielle Farbe wäre bis vor ein paar Jahren bei einer Orchidee undenkbar gewesen. Das gilt auch für *Phalaenopsis*, eine große Gattung, die ursprünglich aus dem subtropischen Südostasien stammt und die uns mit ihrer großen Farbenvielfalt überrascht und begeistert, seit sie in der ersten Hälfte des 19. Jahrhunderts als eine der ersten Orchideenarten nach Europa kam.

In Surf Song ‚OX Gold Orange' vereinigt sich die Geschichte einer großen Hybrid-Familie, die aus der Kreuzung von *Phalaenopsis* mit der Orchideengattung *Doritis* entstand. Sie ist in derselben Region beheimatet und besitzt ähnliche Eigenschaften, allerdings sind ihre Blüten kleiner und farbintensiver.

Vor nicht allzu langer Zeit wurden diese beiden Gattungen vereint. Leidenschaftliche „Orchideenheraldiker" weigern sich jedoch, den neuen Namen zu akzeptieren und nennen sie weiterhin bei ihrem alten Namen, der ihr 2004 verliehen wurde und x *Doritaenopsis* Surf Song lautet.

Spiegel der Begierde

Eine *Phalaenopsis* im Haus ist eine Freude für die Sinne. Wenn sie die Farben der Shih Hua Smile besitzt, verwandelt sich die Freude in Kontemplation. Die Seele gerät in einen Zustand des Vergessens. Man verspürt den Wunsch, die Perfektion jeder einzelnen Blüte wahrzunehmen, ihre rundliche Form mit den großen weißen Petalen, deren Ränder in stark verdünntes Magentarot getaucht zu sein scheinen. Wendet man den Blick, erkennt man direkt daneben eine andere Pflanze mit denselben Eigenschaften, aber mit vertauschten Farben wie beim seltsamen Spiel von Reflexionen in einem Spiegel. Dieses Mal dominiert das Magentarot und verblasst an den Rändern der Blütenblätter zu Weiß. Zauberei? Nein, einfach nur ein Beweis dafür, wie mächtig die Gene sind, die für diese Hybride kombiniert wurden, und wie wenig sie geneigt sind, sich den menschlichen Wünschen zu fügen. Sie allein entscheiden, welches „Kleid" bei welcher Gelegenheit getragen wird. *Phalaenopsis* Shih Hua Smile wurde von Fuller's Orchard Nursery in Taiwan kreiert und 2007 registriert.

Phalaenopsis
Shih Hua Smile

Ein Traum von Afrika

POLYSTACHYA FALLAX

Sie ist weiß, zierlich, schön und charmant: ein Genuss für die Augen. Müsste man den Herkunftsort dieser Orchidee erraten, würde man spontan an die schneebedeckten Gipfel der Bergketten im Fernen Osten denken. Stattdessen stammt die *Polystachya fallax* jedoch aus Afrika. Es handelt sich um eine Epiphytenart, die auf den Bäumen der tropischen Regenwälder von Uganda, Burundi, Ruanda und der Demokratischen Republik Kongo wächst. Im feuchtwarmen Klima erzeugt sie jedes Jahr im Frühling eine kleine spindelförmige Pseudobulbe mit einem einzigen, länglichen zartgrünen Blatt. Wenn der Sommer kommt, bringt sie im Schatten des Waldes einen kurzen Stängel mit fünf bis höchstens sieben hängenden Blütenknospen hervor, die an kleine Glocken erinnern. Ihre Gegenwart ist schon aus der Ferne bemerkbar, denn ihre unschuldig weißen Blüten verströmen einen lieblichen Duft.

Ein Balanceakt

Wer denkt, die Natur hätte bei der *Paphiopedilum* an Farbe gespart, hat diese Art aus den gemäßigten Regionen zwischen Assam und Laos vielleicht noch nie mit eigenen Augen gesehen. Das kleine dorsale Sepalum von interessantem Apfelgrün sitzt wie das Zünglein an der Waage zwischen den beiden länglichen und leicht resupinierten (verdrehten) Petalen, die außen Blassrosa gefärbt sind und zur Basis hin immer dunkler werden. Als Gegengewicht dient das Labellum in Purpurrot und Blassgrün, das die Form eines spitz zulaufenden Pantoffels hat.

Paphiopedilum appletonianum blüht im Winter und manchmal auch zu Beginn des Frühjahrs. Die zehn Zentimeter große Blüte öffnet sich relativ langsam. Der Stiel, auf dem sie thront, kann bis zu vierzig Zentimeter lang werden. Er sprießt aus einem Büschel Laubblätter, die oben grün und unten purpurrot sind. Gewähren wir ihr all die Zeit, die sie braucht, damit sich uns jedes ihrer Details erschließt.

PAPHIOPEDILUM APPLETONIANUM

MORMOLYCA
RINGENS

Die Chemie der Pflanzen

Zwischen Mittelamerika und dem nördlichen Teil Südamerikas lebt eine winzige Orchideengattung, die nur wenige Arten umfasst. Dazu gehört unter anderem die *Mormolyca ringens*, auch als *Mormolyca rigida* bekannt, die in unzugänglichen Feuchtwäldern lebt. Sie beginnt im Frühling zu blühen und produziert den ganzen Sommer über jeweils immer nur eine Blüte auf einmal, die gerade einmal zweiundzwanzig Millimeter groß ist.

Diese kleine Orchidee sieht aus wie eine schöne Schmuckpflanze, deren laterale Petalen ungewöhnlich vertikal ausgerichtet sind und deren dorsales Sepalum sich in der Mitte überschneidet. In der Mitte sitzen prominent das große Labellum, feuerrot und samtig, sowie das wachsartige Gynostemium, das Geschlechtsorgan der Blüte. Auf die Männchen einiger Bienengattungen ohne Stachel übt eine Blüte mit diesen Eigenschaften großen Reiz aus, denn diese halten sie für den Körper einer Bienenkönigin. Hier sehen wir uns mit einem Beispiel für sexuelle Mimikry, einem typischen Anpassungsphänomen, konfrontiert. Durch ihr Aussehen lockt die Orchidee bestäubende Insekten an und erreicht auf diese Weise ihr Ziel, nämlich befruchtet zu werden.

Lycaste
‚Anna Katharina'

Die Quintessenz der Weiblichkeit

Alles an ‚Anna Katharina' spricht von Anmut, von Lieblichkeit, von Sanftheit. Angefangen bei der altrosa Farbe, die in der Mitte der dreieckigen, etwa zwölf Zentimeter großen Blüte auf den beiden Labellumlappen in edles Korallenrot umschlägt, bis hin zum Namen *Lycaste*, einer griechischen Nymphe, immer jung und wunderschön, der Tochter des trojanischen Königs Priamos. ‚Anna Katharina' ist eine bisher unregistrierte Kreuzung zwischen *Lycaste Koolena* und *Lycaste lasioglossa*. Wie ihre Eltern, deren Ursprung in Mittelamerika und in der Karibik liegt, liebt sie gemäßigtes bis kühles Klima. Sie blüht im Winter und wirft nach dem Verwelken der Blüten manchmal ihre großen, lanzettförmigen, seltsam gefalteten Blätter ab, um sich eine Ruhepause zu gönnen, in der sie fast kein Wasser braucht.

Ein Tanz, der nicht endet

Diese Orchidee mit ihren zarten Stängeln besitzt eine Lieblichkeit, die an die anmutigen Bewegungen hawaiianischer Hulatänzerinnen erinnert. Nicht zufällig ist diese ältere Hybride aus dem Jahr 1987 nach Hilo benannt, einer der bekannteren Städte des hawaiianischen Archipels, die an den Hängen des Vulkans Mauna Loa und Mauna Kea liegt.
Zwischen den wenigen ovalen und glänzend grünen Laubblättern entspringen mehrere Stängel, die sich so gefällig in die Höhe heben wie die Arme von Tänzerinnen. Ihr Schmuck sind die Knospen und Blüten. Die Petalen und Sepalen sind blassrosa gefärbt, etwas intensiver an den Rändern und heller im Zentrum, als wollten sie alles Licht auf das weiße Labellum lenken, das sich mit einem Hauch von Gold und purpurroten Streifen schmückt.
Die große Anzahl an Knospen, die diese Hybride produziert, weist auf eine lange Blütezeit hin, die bis zu vier Monate dauern kann. Kein seltenes Ereignis bei der *Phalaenopsis*, die für ihre ausdauernde Blüte und ihre Fähigkeit, zweimal im Jahr zu blühen, sehr geschätzt wird.

Phalaenopsis Hilo Pink

Detailverliebt

Die Hektik des Alltags zu vergessen und sich ein paar Minuten der Betrachtung der Natur zu widmen, tut der Seele gut. Die nur sechs bis neun Zentimeter kleine Blüte der *Paphiopedilum venustum* ist so reich an Details, dass sie den Genuss des Betrachtens aus der Nähe auf köstliche Weise in die Länge zieht. Der natürliche Lebensraum dieser Orchidee sind die Hochtäler des Himalayas zwischen Assam und Nepal, die sie vor den eisigen Winden schützen. Auf ihre Vorliebe für Wärme weisen auch die gefleckten Laubblätter hin, die ein dunkleres Grün aufweisen als die der *Paphiopedilen*, die ein kühleres Klima bevorzugen, und die ein kühleres Klima bevorzugen und die an der Unterseite purpurrot bemalt sind. Die Blüte ist ein kleines Juwel: Das obere Sepalum ist weiß und von grünlichen Adern durchzogen, die parallel Richtung Spitze verlaufen. Der „Schuh" schimmert in Gelb, Rosa und Orange und ist mit einem feinen dunkelgrünen Netz überzogen. Die seitlichen, weit ausgebreiteten Petalen weisen dezente braune Streifen auf und sind an den Spitzen intensiv rosa gefärbt. Man braucht keine Lupe, um die dichten Haare an den Rändern zu erkennen. Die Pflanze blüht im Winter und zu Beginn des Frühjahrs.

PAPHIOPEDILUM VENUSTUM

SCAPHYGLOTTIS PROLIFERA

Ein ewiger Reigen

Seit 1973 befindet sich in Cartago in Costa Rica der Botanische Garten Lankester, eines der führenden Zentren der Welt für die Erhaltung und Erforschung der epiphytischen Flora, zu der auch Orchideen gehören. Es ist nach dem britischen Orchidologen Charles H. Lankester benannt, der dort seit 1940 seinen Wohnsitz hatte, und wurde gegründet, um seine umfangreiche Sammlung zu bewahren und zu vergrößern.

Die Regenwälder des mittelamerikanischen Staates sind so reich an Vegetation, dass es nicht verwundert, die *Scaphyglottis* dort wild wachsend vorzufinden. Es handelt sich um eine epiphytische Orchidee, die nicht eigentlich klein ist, aber deren Blüten kaum größer als ein Zentimeter und von zitronengelber Farbe sind. Sie bezaubern durch die raffinierte Eleganz, mit der sie entstehen, knospen und sich entwickeln. Die Spezies besitzt die Eigenart, dass neue Bulben auf den Spitzen der alten wachsen. Die Blüten bilden sich an der Verbindungsstelle zweier lanzettförmiger Laubblätter. Sobald sich die Blüten öffnen, werden sie durch das Wachstum der Pflanze nach oben geschoben. Daraufhin bilden sich zwei neue Blätter und eine neue Blütenknospe in einem Reigen, der sich unendlich fortsetzt. Die Pflanze blüht im Herbst und im Winter, in gemäßigtem oder warmem Klima das ganze Jahr.

Wenige Orchideen haben eine derart merkwürdige und interessante Geschichte wie diese, mit ihren großen, wachsartigen Blüten in Weiß und Zartgrün, in der Form eines fünfzackigen Sterns mit einem anmutigen Schweif.

Sie wurde 1899 im viktorianischen London in den Gewächshäusern von Veitch & Sons kreiert, einem der einflussreichsten Blumenhändler des 19. Jahrhunderts, dessen Standort sich im eleganten Stadtteil Chelsea befand. Ihr Name ist *Angraecum* Veitchii und sie ist die erste Hybride aus *Angraecum sesquipedale* und *Angraecum eburneum*, zwei außergewöhnlichen Arten einer neuen Gattung aus Madagaskar, die Pflanzenjäger bei einer ihrer vielen Expeditionen im Auftrag von J. J. Veitch entdeckt hatten.

Um Aufmerksamkeit zu erregen, schmücken sich die Blüten der *Angraecum* nicht nur mit den Farben Schneeweiß, Elfenbein und Zartgrün. Sie verströmen nachts einen Duft, um auch nachtaktive bestäubende Insekten anzulocken. Die Geschichte von *Angraecum sesquipedale* (eine der Eltern von *A.* Veitchii) ist untrennbar mit dem Namen Charles Darwin verbunden, dem Vater der Evolutionstheorie. Dieser suchte nach einer Erklärung, warum der Sporn dieser Orchidee die unglaubliche Länge von dreißig Zentimetern besitzt, und studierte ihren geheimnisvollen Bestäubungsmechanismus. Schließlich kam er zu dem Schluss, dass es einen Schmetterling geben müsse, der diese Funktion übernehmen kann. Tatsächlich wurde ein solcher Schmetterling namens *Xanthopan morganii praedicta* entdeckt, aber erst mehrere Jahrzehnte nach Darwins Tod.

Ein Komet in der Nacht

ANGRAECUM VEITCHII

Die aufgehende Sonne

Gelb ist neben Blau und Rot eine der drei Primärfarben und als solche sehr mächtig, weil das menschliche Auge sie auch aus großer Entfernung deutlich erkennen kann. Nach Weiß, das aus der Vereinigung aller Primärfarben entsteht, ist Gelb am hellsten und wird nicht zufällig mit dem Frühling in Verbindung gebracht. In dieser Jahreszeit erwacht die Natur und erblüht in strahlendem Gelb, so weit das Auge reicht. Reines Gelb mit kleinen cremefarbenen Flecken ist auch die Farbe dieser wunderschönen Orchidee, geboren aus der Kreuzung verschiedener Gattungen und Arten aus dem subtropischen und tropischen Mittel- und Südamerika.

Die Blüten der *Oncidium* George McMahon ‚Fortuna' (gleichbedeutend mit *Odontioda* George McMahon ‚Fortuna') sind üppig und attraktiv, mit fein gezähnten Petalen und Sepalen und einem hübsch gezackten Labellum. Sie ist in unserem Klima relativ leicht zu kultivieren und überrascht mit einer unglaublich langen, bis zu acht Wochen andauernden Blütezeit.

ONCIDIUM GEORGE MCMAHON ‚FORTUNA'

„Leidenschaft"

Im modernen Denken bezeichnet der Begriff Leidenschaft eine Gefühlsregung, bei der die Seele von der Zuneigung zu einem Objekt beherrscht wird. Diese Universaldefinition schliesst jedoch sowohl den (negativen) Zustand der Passivität ein als auch den (positiven) Drang zu praktischem Handeln. Pflanzen haben immer grosse Leidenschaft bei den Menschen erweckt, und Orchideen, die zu den schönsten von ihnen gehören, sind ein treffendes Beispiel dafür, wie die Anziehungskraft, die sie ausüben, zu praktischem Handeln führen kann. Leidenschaft war das Gefühl, das die gebildeten Sammler im 19. Jahrhundert antrieb, und dank ihres Reichtums waren sie in der Lage, Expeditionen in alle Erdteile zu finanzieren, um dort nach neuen Orchideen zu suchen. Leidenschaft war und ist es, die die Botaniker dazu bringt, Orchideen bis ins Detail zu studieren, um die Welt mit neuem Wissen zu bereichern.

Es liegt Leidenschaft in der Geste, einer geliebten Person eine Orchidee zu schenken, in der Hoffnung, damit ihr Herz zu gewinnen. Und es war die Leidenschaft nach der überraschenden Entdeckung von zwei Orchideen, die einige der umstrittensten Ereignisse der jüngsten Geschichte in Gang setzte. Zum einen war es die *Phragmipedium besseae*, ein bis dato völlig unbekannter roter „Frauenschuh". Sie wurde 1981 zufällig in den Anden entdeckt und danach fast ausgerottet, was dazu führte, dass so gut wie alle wild wachsenden Orchideen seit 1986 unter das Washingtoner Artenschutzübereinkommen (CITES) fallen. Dabei handelt es sich um ein internationales Abkommen, das den Handel mit gefährdeten Arten freilebender Tiere und Pflanzen regelt oder verbietet. Die zweite Orchidee war ebenfalls eine Phragmipedium, die *Phrag. kowachii*, mit spektakulären grossen Petalen und intensiv violetten Blüten, die 2001 in Peru entdeckt wurde. Sie war der Auslöser für internationale Rechtsstreitigkeiten bezüglich der Ausfuhr und der Registrierung der Pflanze.

Schon immer war neben der Form der Blüten auch deren Farbe eine der gefragtesten Eigenschaften; eine nie versiegende Quelle der Inspiration (und des genetischen Materials), trieb sie die Züchter dazu an, immer neue, schönere Kreuzungen zu erschaffen. Vom zarten Lavendelrosa, das bei den Cattleyen weit verbreitet ist, mit kleinen Exkursen einiger Arten ins Orange, über Schneeweiss, das für manche *Phalaenopsis*-Arten typisch ist, und sogar Schwarz (das in der Natur nicht vorkommt und in Wirklichkeit ein extrem dunkles Braunrot ist), bis hin zu Königs- und Himmelblau, das einige Orchideen in Australien und Malaysia tragen.

Eine wertvolle Quelle für die faszinierenden Hintergründe und häufig überraschenden Wendungen, die das Showgeschäft der Orchideen beleben, ist Alessandro Valenza, ein leidenschaftlicher italienischer Sammler und Züchter, der international unter dem Spitznamen Valenzio bekannt ist. Seine Leidenschaft für Orchideen erinnert an die Worte „Love comes in many ways, in lover's arms and sweet bouquets" aus dem Lied „Love comes from the most unexpected places", von Barbra Streisand aus dem Jahr 1977, seinem Geburtsjahr. Die „liebenden Arme" waren die seiner Eltern, begeisterten Pflanzenliebhabern, die eines Tages eine halbtote *Cattleya* anschleppten, um sie wieder aufzupäppeln. Wenn sie keine Zeit für Valenzio hatten, und das war oft der Fall, beschäftigte er sich mit der Blume, die dem kleinen Jungen damals wie ein „liebliches Bouquet" erschien, und betrachtete sie ausgiebig. Diese Art des Zeitvertreibs übte einen prägenden Einfluss auf ihn aus. Mit acht Jahren kaufte er sich seine erste eigene Orchidee und von da an hörte er nicht mehr auf, neue Spezies für sich zu entdecken und sich daran zu freuen. In seiner Kollektion, die rund 2000 Arten umfasst, dominieren *Bulbophyllum, Dendrobium, Pleurothallis, Paphiopedilum* und *Phragmipedium*, denn sie sind seine Lieblingsorchideen. Die Leidenschaft ist für ihn eine Quelle nie versiegenden Interesses und wurde zu einem Vollzeitengagement. Zunächst reiste er durch Italien und jetzt durch die ganze Welt, um Freundschaft mit Sammlern auf höchstem Niveau und mit Züchtern der Avantgarde zu schliessen und um mit neuen Technologien zu experimentieren, die das Züchten in Semi-Hydrokultur und bei künstlichem Licht ermöglichen.

62-63 *Dendrobium nobile* hybride

Die Freude am Besitz

Besitzen oder besessen sein? Ein Dilemma, das uns im Leben immer wieder begegnet und auf das es keine exakte Antwort gibt. Im Fall der *Vanda*, einer Orchidee, so leicht und feminin wie ihr Name, spielt das auch keine Rolle, denn sie hat alles, was nötig ist, um sich von ihr im Sturm erobern zu lassen. Die Arten, deren Verbreitungsgebiet in Südostasien und Südindien liegt, sind heute vor allem als Hybriden erhältlich. Wenn man eine *Vanda*-Hybride in voller Blüte kauft, erliegt man sofort dem Charme ihrer Blüten, die groß und flach sind, rund und sinnlich, in warmen, leuchtenden Farben und von seltsamen Mustern durchzogen. Trotz ihres ungewöhnlich schlanken Wuchses, der sie himmelwärts streben lässt, erahnt man anhand der griffigen Blätter und kräftigen Wurzeln den zuverlässigen und soliden Charakter der *Vanda*, deren anmutige Blüten an aufrechten Stängeln sitzen. All diese Eigenschaften sind jedoch an bestimmte Voraussetzungen geknüpft. Wenn sich also herausstellt, dass Sie von der *Vanda* besessen sind und sie gerne kultivieren möchten, sollten Sie ihr folgende Wünsche erfüllen: Freie Luftzirkulation um die Wurzeln, helles Licht, im Sommer zweimal täglich besprühen und niemals in ein enges Gefäß zwängen.

VANDA ROBERT'S DELIGHT

Köstlich wie ein Eis

PHALAENOPSIS-HYBRIDE

„Welche Geschmacksrichtung?" – „Himbeere und Sahne. Mit einem Schuss Amarena und einer Kirsche, bitte." Inzwischen hat der Spatel den Eisbecher gefüllt, man weiß bereits wie die Zutaten im Mund schmecken werden: cremig wie Eier und Milch und süßsauer wie die roten Früchte. Das hört sich eher an, als befände man sich in einer Eisdiele statt in einem Gewächshaus mit Orchideen. Aber wie sollte man sonst beschreiben, dass die köstliche Färbung der Blüten dieser *Phalaenopsis*-Hybride einem regelrecht das Wasser im Munde zusammenlaufen lässt? Dieser Gelbton, der die Petalen und Sepalen durchdringt und sich so unregelmäßig mit dem Himbeerrot vermischt, als hätten sich die Eissorten im Becher miteinander vermischt, bevor man den Löffel eintauchen konnte. Die Wirklichkeit ist prosaischer: Das kirschrote, schützend geformte Labellum in der Mitte soll bestäubende Insekten dazu animieren, die Blüte zu befruchten.

Rückkehr zur ersten Liebe

Für die ersten Orchideenliebhaber war es früher undenkbar, nicht mindestens eine *Cymbidium*-Hybride zu besitzen. Diese großen Orchideen mit ihren auffälligen Büscheln aus langen, lanzettförmigen Laubblättern sind leicht zu kultivieren. Sie lohnen dies pünktlich zum Ende des Herbstes oder im Winter mit langen und robusten Blütenständen, die bis zu einem Dutzend äußerst ausdauernder Blüten tragen. Dank der Mühe der Züchter kann man heute aus einer riesigen Farbpalette wählen, von Milchweiß bis Ziegelrot, von Ockergelb bis Apfelgrün. Früher gab es Hybriden mit großen (zwölf Zentimeter), mittleren oder kleinen (sechs Zentimeter) Blüten. Auch wenn die ersten *Cymbidium*-Hybriden noch präsent sind, bevorzugt man heute vor allem die natürlichen Arten, deren Erscheinung und Eigenschaften exotisch wirken. So ist es auch bei *Cymbidium tracyanum*, einer Art, die Kälte liebt und die Ende des 19. Jahrhunderts an den felsigen und feuchten Hängen Chinas und Thailands, in Höhenlagen zwischen 1200 und 1900 Metern, entdeckt wurde. Man widmete sie Henry Amos Tracy, einem großen englischen Orchideenzüchter, in dessen Gewächshäusern sie zum ersten Mal blühte. Die Blüten verströmen einen intensiven Duft und erfreuen das Auge mit der feinen purpurnen Zeichnung der Sepalen und Petalen auf hellolivfarbenem Untergrund sowie dem cremeweißen Labellum, das merkwürdig gebogen und gewellt ist.

CYMBIDIUM TRACYANUM

Anmut und Eleganz

Sicher fühlte sich Mr. Forbes, ein großer Sammler und erfahrener Orchideenzüchter im Dienst des Herzogs von Bedford, sehr geehrt, als die Botaniker beschlossen, einer neuen Orchideenart seinen Namen zu geben. So geschah es im England des 19. Jahrhunderts, in einer Zeit, als man mit großem Eifer Expeditionen in die Neue Welt unternahm, um dort unbekannte Pflanzen zu entdecken.

Nach der schönen *Cattleya forbesii* im Jahr 1821 wurde ihm 1839 auch noch die brasilianische *Oncidium* gewidmet, die in den südöstlichen Küstenregionen mit Blick auf den Atlantik beheimatet ist. Dabei handelt es sich um eine Orchidee, die gern auf Bäumen wächst und ihre Wurzeln fest in deren Rinde verankert. Im Herbst bildet sie zwischen elliptischen Pseudobulben und ein paar lanzettförmigen Blättern einen eleganten Blütenstiel aus, der zuerst aufrecht wächst und sich dann unter dem Gewicht der Blüten leicht neigt. Die Blüten selbst sind rotbraun, gelb abgesetzt, und weisen einen Durchmesser von vier bis sechs Zentimetern auf. Trotz ihrer typisch epiphytischen Natur lässt sich *Oncidium* leicht in Töpfen kultivieren. In klimatisch milden Küstenregionen kann sie sogar das ganze Jahr über im Freien stehen.

ONCIDIUM FORBESII

Die Sehnsucht nach einem Kuss

Die Blüte erhebt sich anmutig auf ihrem langen Stängel über das Büschel der Laubblätter, als wären ihre Lippen auf der Suche nach einem Kuss. Mit ihrem warmen, auffälligen Rotton und dem sinnlichen Labellum lässt sie deutlich sichtbar die Gene ihrer „Vorfahrin" *Phragmipedium besseae* erkennen. Diese hatte 1981 durch ihre Entdeckung in den peruanischen Anden für eine Art Revolution in der wissenschaftlichen Welt der Orchideen gesorgt, denn nie zuvor hatte man eine rote Frauenschuh-Orchidee gefunden. Die Aufregung war groß, und sobald eine ausreichende Anzahl von Pflanzen zur Verfügung stand, wurde mit den ersten Kreuzungsversuchen begonnen. Unter anderem beschäftigten sich damit die Eric Young Orchid Foundation auf der Kanalinsel Jersey, eines der renommiertesten Forschungsinstitute auf dem Gebiet der Hybridisierung auf der Welt, das für seine Orchideensammlung berühmt ist. 1997 wurde dort die *Phragmipedium* Saint Peter (eine Nichte der *Phrag. besseae*) kreiert, eine kostbare Hybride, in die man sich auf den ersten Blick verliebt.

PHRAGMIPEDIUM SAINT PETER

Aus der Leidenschaft geboren

Dendrobium nobile Hybride

Zu den jüngeren Geschichten, die man sich über Orchideen erzählt, gehört auch die des japanischen Züchters Jiro Yamamoto. Anfang der Fünfzigerjahre des vergangenen Jahrhunderts begann er angesichts der Wertschätzung für *Dendrobium nobile*, die in Südostasien weit verbreitet war, an der Schöpfung der Orchidee seiner Träume zu arbeiten : Eine Hybride, die in der Lage ist, an bambusähnlichen grünen Stängeln, eingerahmt von leuchtend grünen Laubblättern, Dutzende von Blüten in kräftigen Farben (Pink, Hellgelb, Schneeweiß, Apfelgrün) zu tragen. Um sich diesen Wunsch zu erfüllen, zog er sogar nach Hawaii um. Dort nutzte er die klimatischen Unterschiede zwischen den Küstengebieten und den Vulkangipfeln und setzte die jungen Pflanzen seiner Züchtung extremen Temperaturschwankungen aus, um sie abzuhärten. Heute wird die *Dendrobium Yamamoto* (aus *Dendrobium nobile* entstanden), in Japan hybridisiert, in einem biotechnologischen Labor in Thailand multipliziert und in Hawaii großgezogen, in der ganzen Welt geschätzt. Sie lässt sich zu Hause leicht kultivieren, ist wenig anspruchsvoll und erfreut den Betrachter im Frühling mit wunderschönen Blüten.

Der Gedanke an Lieb

Ein so tiefer und samtiger Rotton ist bei einer Orchidee selten. Er erregt sofort Aufmerksamkeit und Freude und lässt an Gefühle denken, die aus tiefstem Herzen kommen. Umso mehr staunt man, wenn einem bewusst wird, dass diese Orchidee aus dem Traum eines Züchters geboren und mit kühlem Verstand entworfen wurde.

Der Schweizer Gärtner, Gelehrte und produktive Züchter Jakob Isler begann um 1990, sich voller Leidenschaft der Kreuzung verschiedener Arten und Gattungen aus Südamerika, von den Anden bis zu den Tropen, zu widmen. Diese zart duftende Orchidee, die 1995 registriert wurde, benannte er nach seiner Ehefrau Nelly Isler. Es handelt sich dabei um eine üppige Pflanze mit hellen Blättern, die bis zu zweimal im Jahr zwei oder drei Stängel mit Blüten hervorbringt. Sie hat sich vom natürlichen Lebensraum ihrer Vorfahren unabhängig gemacht. Im Winter fühlt sie sich im Haus wohl und im Sommer schätzt sie, geschützt vor den sengenden Strahlen der Sonne, einen kurzen Aufenthalt im Freien.

x *Oncidopsis* Nelly Isler

Ein starker Charakter

Die Farbenvielfalt der *Paphiopedilum*-Hybriden ruft stets große Bewunderung hervor. Groß ist auch das Staunen, wenn man beim Kultivieren merkt, dass die Blüten monatelang frisch bleiben und wie Porzellan schimmern, und wenn eine einzige Pflanze mehrere Blüten pro Jahr hervorbringt. Das ist allein der Geduld von Botanikern aus Amerika, Europa und Asien zu verdanken, denen es schließlich gelang, Hybriden zu züchten, die robuster, leichter zu kultivieren und blühfreudiger sind als die ursprüngliche Art. Der Name dieser Orchidee bezieht sich übrigens auf das Labellum, den auffälligsten Teil der Blüte, und setzt sich aus zwei griechischen Wörtern zusammen: *Paphia*, dem Beinamen der Liebesgöttin Aphrodite, die der Legende nach in Paphos auf Zypern geboren worden sein soll, und *Pedilon*, dem griechischen Wort für Sandale oder Pantoffel. In Deutschland wird diese Orchideenart etwas profaner *Frauenschuh* genannt.

PAPHIOPEDILUM-HYBRIDE

Farbe ohne Grenzen

Wer weiß, welche magischen genetischen Informationen kombiniert wurden, um die *Phalaenopsis* Bright Peacock zu erschaffen. Ihre Blüten weisen keinerlei Ähnlichkeit mit dem schillernden Gefieder eines Pfaus auf, der ihr seinen Namen lieh. Es ist vielmehr die Ähnlichkeit der Flecken mit den „Augen", die in den prachtvollen Schwanzfedern des Pfaus sichtbar werden, wenn er sich zur Schau stellt und sein Rad schlägt. Das Schauspiel, das Bright Peacock bietet, ist dem des Vogels sehr ähnlich. Es geht schon bei den intensiv gefärbten Knospen los, die bereits im geschlossenen Zustand erahnen lassen, wie die Blüte aussehen wird, wenn sie voll aufgeblüht ist. Auf den wachsweißen Petalen und Sepalen erscheinen große weinrote Tropfen, die zum Zentrum hin enger und nach außen immer weitläufiger angeordnet sind. Wie erfreulich, dass es Hand und Auge von Chen Gee Ho, dem asiatischen Züchter, der sie 1996 schuf, gelungen ist, uns eine so vortreffliche Kreuzung zu schenken.

Phalaenopsis Bright Peacock

Wahrhaft feurig

Die indonesische Inselgruppe der Molukken und deren Nachbarinsel Sulawesi (früher Celebes) sind die Heimat dieser *Dendrobium*, die durch den fast fluoreszierenden Magentafarbton ihrer etwa drei Zentimeter kleinen Blüten mit knallrotem Labellum wirklich unübersehbar ist. Es scheint kein Zufall, dass eine Orchidee mit derart feuriger Farbe ausgerechnet an einem Ort lebt, an dem auch viele kostbare Gewürzpflanzen gedeihen, wie zum Beispiel *Eugenia caryophyllata* (Gewürznelke) und *Myristica fragrans* (Muskatnussbaum). Der natürliche Lebensraum der *Dendrobium sulawesiense* (auch bekannt als *Dendrobium glomeratum*) sind die Bäume der Feuchtwälder, mit denen die Berge bis zu einer Höhe von 1200 Metern bewachsen sind. Sie erfreut das Auge im Frühling und Sommer mit üppigem Blattwerk und Blüten.

DENDROBIUM SULAWESIENSE

Tanz mit mir

Eine der faszinierendsten Geschichten über die Entdeckung von Orchideen in Südamerika ist eng mit George U. Skinner verbunden, einem leidenschaftlichen schottischen Pflanzenjäger, der im 19. Jahrhundert lebte und hauptsächlich die üppige Vegetation von Guatemala und Mexiko durchstreifte. In dreißig Jahren und im Verlauf von über vierzig abenteuerlichen Reisen gelang es ihm, eine beeindruckende Anzahl von unbekannten Gattungen und Arten nach England zu bringen, von denen viele nach ihm benannt wurden. Zu seinen ersten Entdeckungen zählte diese schöne Orchidee, die in Mexiko epiphythisch auf Bäumen und zwischen Felsen wächst, aber häufiger als terrestrische Art auf den Plateaus zwischen 2000 und 3200 Metern Höhe anzutreffen ist. Man kann sich gut vorstellen, wie die Botaniker bei Skinners Rückkehr nach Schottland staunten, als sie die aufrechten, bis zu einem Meter hohen Stängel betrachteten, die mit wunderschönen kleinen Blüten von seltener Leichtigkeit besetzt waren. Ihre spitz zulaufenden Petalen und Sepalen heben sich farblich scharf von dem hellen Labellum ab. Die klassischen Farben sind Blassgrün und Rosa, aber nicht selten sind auch Kombinationen von Braun mit Weiß oder Braun mit Purpur, wie auf dem Foto zu sehen.

1840 wurde diese Orchidee auf den Namen *Odontoglossum bictoniense* getauft, ein Name, den treue Sammler noch heute benutzen, obwohl sie seit 1993 offiziell *Rhynchostele bictoniensis* heißt.

RHYNCHOSTELE BICTONIENSIS

In Farbe gemeisselt

PHALAENOPSIS
TAIDA PEARL

Wenige Blumen besitzen wie die Orchidee die Fähigkeit, Emotionen zu vermitteln und deren Intensität durch den Farbton zu unterstreichen: Zärtlichkeit, wenn die Blüte gelb ist, Bewunderung, wenn sie weiß ist, Zuneigung, wenn sie rosa ist. Das intensive und samtige Rot der *Phalaenopsis* Taida Pearl aber ist der Ausdruck von Leidenschaft für all diejenigen, die sich bei der Auswahl einer Blume als Geschenk nicht mit einem einfachen Scharlachrot zufrieden geben, sondern auf der Suche nach Perfektion sind.
Die Orchidee wurde 2001 von dem taiwanischen Unternehmen Taida Horticoltural Co. erschaffen, das sich auf die Kreation neuer Hybriden spezialisiert hat. Sie ist das Ergebnis einer langen Reihe von Kreuzungen zwischen Orchideen der Gattung *Phalaenopsis*, deren Charakter Leichtigkeit und Grandeur in sich vereint, und Miniaturorchideen der Gattung *Doritis*, die für ihre intensiven, lebhaften Farben bekannt ist. Das Ergebnis? Eine *Phalaenopsis* (gleichbedeutend mit x *Doritaenopsis*) mit über vierzig Zentimeter langen Trieben und bis zu acht Zentimeter großen Blüten.

*Jeder Tag ist
ein Feiertag*

PHALAENOPSIS-HYBRIDE

Diese *Phalaenopsis*-Hybride lässt das Herz höher schlagen. Man muss sich einfach in diese Orchidee von seltener Schönheit und Perfektion verlieben, deren pfirsichrosa Blüten von dünnen Linien und kleinen Flecken in Pink überzogen sind, als hätte sie jemand mit einem Pinsel aufgemalt. Die Blüten sind an gewölbten Stängeln manierlich in zwei Reihen angeordnet, eine an der Vorder- und eine an der Rückseite, sodass Licht und Luft frei zwischen ihnen zirkulieren kann. Tag für Tag fließen die Lebenssäfte durch die Pflanze, bis sich auch die letzte Knospe unter deren Druck öffnet.

Ein Spektakel, das mehrere Wochen, ja sogar Monate dauert. Ein Vergnügen, das sich täglich wiederholt : Wenn wir morgens aufwachen und nachsehen, was sich während der Nacht verändert hat ; während des Tages, wenn wir uns ihr bei unserer Arbeit nahe fühlen, und abends, wenn wir ihr vor dem Ausschalten des Lichts für die Schönheit danken, die sie uns schenkt.

Moderner Klassiker

Cattleya-Hybride

Die *Cattleya* mit ihrem altmodischen Charme gilt nach wie vor als Königin der Orchideen. So wie wir sie kennen, in der klassischen Farbe Lila, ist sie gut zu kultivieren und eine wunderschöne Schnittblume. Die auffällige Krone mit dem zentralen, kräftig gefärbten Labellum, das auf beiden Seiten von Sepalen flankiert wird, zwei davon mit gewellten Rändern, ist das Resultat einer vortrefflichen Kreuzung und Selektion Dutzender natürlicher Arten, die in den Feuchtwäldern der mittel- und südamerikanischen Tropenregionen beheimatet sind, von Mexiko bis Brasilien, Argentinien und Peru, von Meereshöhe bis hinauf zu den Berghängen. Sehr viel Arbeit, die im frühen 19. Jahrhundert begann, als das erste Pflänzchen, das eigentlich nur als Verpackungsmaterial in einer Ladung exotischer Arten aus Brasilien diente, in die Hände von Sir William Cattley aus Barnet gelangte, einem passionierten englischen Sammler. Nachdem dieser sie zum ersten Mal in Europa zum Blühen gebracht hatte, wurde sie 1824 von dem Botaniker John Lindley wissenschaftlich beschrieben. Zu Ehren von Sir William schuf er die Gattung *Cattleya* und nannte die neue Pflanze *Cattleya labiata*.

„Anmut und Eleganz"

Fast wie ein Seufzer. Dominierendes Weiss, eine Farbe, die uns überrascht. Die Spontaneität der Jugend und Ehrfurcht vor der Natur. So viele Emotionen liegen in den Blüten der Orchideen, die sich wie Schmetterlinge in der Luft bewegen. So viel Leichtigkeit.

Der chinesische Philosoph Konfuzius beschrieb schon im sechsten Jahrhundert vor Christus die Schönheit und den Duft der Orchideen. In China finden sich die ältesten Belege für die Verwendung der Orchidee als Heilpflanze und als dekoratives Element. Man schrieb ihr einen „jungfräulichen" Charakter zu und verehrte sie als Verkörperung von Anmut, Liebe, Reinheit, Eleganz und Schönheit.

Aber auch in der übrigen Welt rufen Orchideen aufgrund ihres Aussehens Empfindungen voller Poesie und Gefühl hervor. Man betrachtet sie mit Wohlgefallen, wie zum Beispiel die *Aliceara* Tahoma Glacier ‚Green', die an ein junges Mädchen erinnert, das sich der Aufmerksamkeit wohl bewusst ist, die sie weckt. Sie erinnern uns an eine Blüte im Frühling, die sich öffnet, nachdem sie sich den Weg durch die Schneedecke erkämpft hat, wie die *Paradisanthus micranthus*; oder an die Strahlen des Mondes, die den Garten in einer Sommernacht erhellen, wie die *Ascocenda* Princess Mikasa ‚Taynee White'. Sie lassen einen von fernen Orten träumen, wo sich einst die Wiege prähistorischer Kulturen befand, wie die *Dendrobium* Berry ‚Oda'. Oder wir denken an schaumgekrönte Wellen, die sich an der Küste brechen, wenn wir die *Dendrobium arcuatum* betrachten. Manche spielen auch die Hauptrolle in romantischen Brautsträussen wie die *Dendrobium* Emma White.

In dieser Sammlung aus Naturschätzen und von Meisterhand geschaffener Hybriden, die das Streben nach Anmut und Leichtigkeit noch besser erfüllen sollen, zählen seit den Neunzigerjahren die *Phalaenopsis*-Arten zu den beliebtesten Orchideen. Sie sind in vielen Farben erhältlich, nicht nur in Reinweiss, sondern auch in Weiss mit kirschrotem Labellum oder in Goldgelb, in Rosa- oder Pfirsichrot. Ihre Petalen sind oft mit einer unendlichen Vielfalt an Mustern und Flecken verziert, die wie mit einem Pinsel getupft zu sein scheinen.

Kein Wunder also, dass Orchideen geliebt werden und für viele mit der Erinnerung an die erste grosse Liebe verbunden sind. So war es auch bei Franco Pupulin aus der italienischen Provinz Varese, der 2001 von der renommierten American Orchid Society (AOS) in die Liste der führenden Taxonomie-Experten der Welt aufgenommen wurde. Von ihm erzählt mein lieber Freund Giancarlo Pozzi, Sammler und Gärtner, Inhaber der Orchideria Morosolo in Varese, dass eine ganz schlichte *Phalaenopsis* der Auslöser für seine unendlich grosse Liebe und tiefe Hingabe an die Orchideen war, die sein Leben für immer veränderten. Es handelte sich um eine klassische *Phalaenopsis* mit weissen Blüten in der Form von Schmetterlingen, die Franco Pupulin im Alter von zwanzig Jahren als Geschenk kaufte. Aber die Person, für die sie bestimmt war, sollte sie nie erhalten. Franco Pupulin behielt die Orchidee selbst, denn er war bezaubert von ihren Blüten und jeder einzelnen Knospe. „Nach ein paar Monaten", so schrieb er an Giancarlo Pozzi, der immer auch die menschliche Dimension der gemeinsamen Liebhaberei kennenlernen möchte, „besass ich ein Dutzend Pflanzen, die ersten Bücher über Orchideen und auch Freunde, die mein Hobby teilten. Wenn ich darüber nachdenke, wo ich heute lebe, nämlich im tropischen Costa Rica, wie ich heute lebe (umgeben von Orchideen, die ich beschreibe und zeichne), und woran ich heute arbeite (als Forscher in einem botanischen Garten), kann ich ohne den geringsten Zweifel behaupten, dass Orchideen mein Leben veränderten." Heute ist Franco Pupulin, der seit 1997 in Costa Rica lebt, Professor an der dortigen Universität, Forschungsleiter im Jardín Botánico Lankester in Cartago, einem der renommiertesten botanischen Gärten der Welt, der sich für die Erhaltung und Erforschung der epiphytischen Flora und der Orchideen einsetzt. Er ist wissenschaftlicher Mitarbeiter des botanischen Gartens Marie Selby in Florida und lebt unter Zehntausenden von Orchideen, die ihm „alle irgendwie magisch vorkommen", so schreibt er an Pozzi. Zu Hause hat er jedoch „nur" vier Pflanzen, die ihn an seine erste Liebe erinnern. Es sind natürlich *Phalaenopsen*, die allerdings zu den seltensten und schönsten ihrer Art gehören.

114-115 *Phalaenopsis* Timothy Christopher.

PHALAENOPSIS-HYBRIDE

Die schöne Französin

In der Geschichte der *Phalaenopsis* gab es eine Zeit, in der Punkte in allen Varianten, auf Französisch „à pois", in Mode waren. Es gab keiner französischen, italienischen, amerikanischen oder thailändischen Züchter, der nicht versuchte, diesem Modediktat in vollem Umfang zu entsprechen. Der Trend hat die Zeit offenbar überdauert, denn auch heute noch sieht diese *Phalaenopsis*-Hybride sehr gut aus. Wie könnte man auch diese helle Blüte nicht schätzen, deren Farbtupfer sich zart über die Petalen und Sepalen verteilen und am Labellum mit seinen zwei anmutig gewellten Fortsätzen an Intensität zunehmen.

Die dauerhafte Blüte trägt viel zum Ansehen dieser Hybride bei, die ebendrein noch leicht zu Hause zu kultivieren ist. Damit die *Phalaenopsis* gut gedeiht und zweimal jährlich blüht, sollte sie an einem hellen Ort ohne direkte Sonneneinstrahlung stehen. Wasser benötigt sie normalerweise nur einmal pro Woche, aber vergessen Sie nicht, sie mindestens einmal im Monat mit speziellem Orchideendünger zu versorgen.

Jung und privilegiert

Diese Orchidee besitzt eine besondere Grazie mit ihren weißen Blüten, die fast durchscheinend wären, wenn sie nicht lila Flecken hätten, die sich an der Basis des Labellum konzentrieren und auf den Petalen und Sepalen nur angedeutet sind. In ihrer Frische erinnert sie an ein junges Mädchen, das sich der Aufmerksamkeit bewusst ist und sich gern beobachten lässt.

Die Kreuzung stammt von dem Hawaiianer W. W. G. Moir, einem Pionier der Kreation neuer Gattungshybriden. 1970 wurde sie von dem Amerikaner Fergie (Ferguson) Beall, einem Gärtner und erfahrenen Züchter aus dem Staat Washington, x *Aliceara* Tahoma Glacier ‚Green' genannt. Name, Genealogie und Geschichte: x *Aliceara* (Synonym: x *Bealleara*) im Andenken an die Vorfahren *Brassia, Miltonia* und *Oncidium*. Der Name Tahoma Glacier wurde ihr von Beall zu Ehren eines der spektakulärsten Gletscher des Mount Rainier verliehen, dem höchsten Vulkan im Staat Washington; ‚Green' wegen des schwach sichtbaren grünen Farbtons auf der Rückseite der Blüte.

X *ALICEARA* TAHOMA GLACIER ‚GREEN'

Rot wie Feuer und Lava

Mit ihrem intensiven Rot ist diese Orchidee der Stolz jeder Amateursammlung. Nach einer Ruhezeit im kühlen und trockenen Winter blüht sie fast ununterbrochen vom Frühjahr bis zum späten Herbst, und das keineswegs unbemerkt. Ihre Blüten sind nicht wirklich klein (drei Zentimeter Durchmesser), schön gezeichnet und ihre Petalen und Sepalen ordnen sich wie ein Stern um das goldgelbe Labellum und die ebenso gefärbte Säule an. Sie scheinen frei in der Luft zu schweben, denn ihre Stängel können über vierzig Zentimeter hoch werden. Die anmutige und elegante *Prosthechea vitellina* ist ein Epiphyt, der sich vor allem auf den Eichen wohlfühlt, die in den vulkanischen Böden von Honduras, Mexiko und Nicaragua in einer Höhe zwischen 1400 und 2600 Metern wachsen. Mit ihr haben sich Taxonomen und Botaniker lange Zeit beschäftigt, sie erforscht und den Namen ihrer Gattung dreimal verändert : Nach ihrer Entdeckung 1831 nannte man sie *Epidendrum vitellinum*, ab 1961 *Encyclia vitellina* (ein Name, den man noch heute häufig hört) und seit 1997 ist sie als *Prosthechea vitellina* bekannt. Lediglich der Beiname der Spezies, der von dem lateinischen Wort vitellum für „Eidotter" stammt, blieb immer derselbe.

PROSTHECHEA VITELLINA

Aus der Gischt des Ozeans

DENDROBIUM ARCUATUM

Von den vielen Orchideenarten in den Tropenwäldern Südostasiens ist *Dendrobium arcuatum* untrennbar mit der indonesischen Insel Java verknüpft, die zwischen dem Indischen und dem Pazifischen Ozean liegt. An diesem Schauplatz prähistorischer Kultur und außerordentlicher botanischer Vielfalt gedeiht sie endemisch in den Hügelwäldern der Küstenregion. Dort wächst sie, wie der Name ihrer Gattung Dendrobium (griechisch dendron = Baum und *bios* = Leben) bereits andeutet, auf den Ästen der Bäume. Ihre Blüten sind reinweiß mit goldgelbem Schlund und entwickeln sich aus Knospen, deren Aussehen der Grund für die botanische Bezeichnung *arcuatum* (lateinisch für gebogen) dieser Spezies ist. Die Briten erkannten dagegen in der Form der Knospe, die im Vergleich zur zarten Blüte sehr mächtig ist, einen Pflug und gaben der Orchidee den Namen *The Plow Shaped Dendrobium*. Sie ist relativ einfach zu kultivieren und erfreut nach einer Ruhezeit, in der sie nur sehr wenig Wasser benötigt, im Winter oder Frühling mit einer reichhaltigen Blüte.

Paradisanthus micranthus

Wie wilde Christrosen

Vielleicht waren es die Schönheit der frischen, grasähnlichen Farben und die geringe Größe der Blüten, die Botaniker dazu brachten, diese brasilianische Orchidee *Paradisanthus micranthus* zu nennen, die Ende des 19. Jahrhunderts in den Küstengebieten der Staaten Rio de Janeiro und Paraná entdeckt wurde.

Diese terrestrische Art gedeiht auf humusreichen, lockeren Böden, die wegen ihrer Nähe zu Bächen und Flüssen immer feucht sind. Wenn sie nicht gerade blüht, ist sie dort in der dichten Vegetation nur schwer zu entdecken.

In ihrem Verbreitungsgebiet bilden sich die fünfunddreißig bis vierzig Zentimeter hohen Blütenstände im Spätfrühling oder Frühsommer aus. Jeder von ihnen trägt ein Dutzend kleiner Blüten von apfelgrüner Farbe mit orangeroten Streifen und einem kleinen weißen Labellum. Es handelt sich um eine ziemlich seltene Orchidee, eine von vier Arten, die zur Gattung *Paradisanthus* gehören und bei Sammlern sehr begehrt sind.

Grenzenlose Bewunderung

Einem Mädchen gewidmet, überrascht *Phalaenopsis* Jiaho's Pink Girl durch das intensive Rosa, das sich überall an der Pflanze zeigt: zwischen dem Purpur der Laubblätter, an den Stängeln und Knospen. Besonders schön tritt es an den Blüten zutage, die relativ groß (acht bis neun Zentimeter Durchmesser) und so zahlreich sind, dass man sie kaum zählen kann. Manchmal finden sich dreißig und mehr davon an einem einzigen Stängel. All dies ist der Tatsache zu verdanken, dass die Erbanlagen dieser Orchidee, die 2004 von Nobby Orchid Nursery in Taiwan kreiert wurde, auch die Erinnerung an einen besonderen Vorfahr einschließt. Es handelt sich dabei um *Phalaenopsis schilleriana*, eine duftende Orchideenart, die im Frühling blüht und Ende des 19. Jahrhunderts in den Bäumen der Regenwälder auf der Insel Luzon und auf anderen Inseln des philippinischen Archipels entdeckt wurde. Daher kommt es auch, dass diese Orchidee Schatten, Wärme und Feuchtigkeit liebt und häufig gewässert werden möchte.

Phalaenopsis
Jiaho's Pink Girl

Heitere Gelassenheit

Romantisch und anmutig, mit schönen hellgrünen Knospen, die sich nach einer Woche zu schneeweißen Blütenblättern mit grün markierter Kehle öffnen, gehört die Emma White zu den beliebtesten Orchideen für romantische Brautsträuße. Eine einzelne Blüte schmückt gern das Revers des Bräutigams und der Trauzeugen, während ganze Stängel, die bis zu fünfunddreißig Zentimeter lang werden und Blüten mit sieben Zentimetern Durchmesser tragen können, aufwändigen Blumenarrangements eine gewisse Leichtigkeit verleihen. Die Pflanze wurde in Thailand kreiert und 2006 durch T. Orchids registriert, einem Betrieb in Bangkok, der in der ganzen Welt für seine außergewöhnlichen Orchideenhybriden berühmt ist. Auch wenn ihre Blüten eine Ähnlichkeit mit denen der *Phalaenopsis* aufweisen und sie deshalb häufig *Dendrobium phalaenopsis* genannt wird, ist sie doch eine *Dendrobium* und wird nicht nur wegen ihrer Schönheit als Schnittblume geschätzt, sondern auch weil sie sehr robust und leicht zu Hause zu kultivieren ist und im Winter bis zu acht Wochen ununterbrochen blüht.

Dendrobium Emma White

Gefällige Verwirrung

Manchmal entwickeln Orchideen eine so reichhaltige und auffällige Blütenfülle, dass das Auge kaum einzelne Blüten auszumachen vermag. So verhält es sich auch bei ‚Oda‘, einem Kultivar von *Dendrobium* Berry (*Dendrobium kingianum* x *Dendrobium* Mini Pearl), die 1983 registriert wurde. Sie ist das Ergebnis wiederholter Kreuzungen, bei denen auf gekonnte Weise die Gene der Eltern aus dem australischen Queensland und aus Neuguinea miteinander vermischt wurden. Der Eindruck gefälliger Verwirrung entsteht, weil die Triebe aus ungewöhnlichen Pflanzenrohren sprießen, deren Anordnung irgendwie etwas durcheinandergeraten zu sein scheint. Diese alles in allem eher kleine Orchidee, die nicht höher als vierzig Zentimeter wird, bildet zunächst bauchige, dann spindelförmige Pseudobulben aus. Diese liegen teilweise zwischen den Blättern versteckt und stützen die schlanken Stängel, die die Blüten in der Luft bestmöglich vereinen – wie die Noten eines musikalischen Akkordes.

Dendrobium Berry ‚Oda'

Auch nachts eine Schönheit

Die Prinzessin ist, wenn sie blüht, eine Augenweide und dabei erstaunlich leicht zu kultivieren. Ihre Blumenkrone trägt sie länger als einen Monat, bevor sich erste Anzeichen von Welkheit zeigen. Das alles verdankt sie den starken genetischen Merkmalen, die sie trotz ihrer Anmut und zarten Erscheinung besitzt. In einem wissenschaftlichen Labor im thailändischen Bangkok geboren und nach Prinzessin Mikasa aus der japanischen Kaiserfamilie benannt, ist sie das Ergebnis einer raffinierten Kreuzung aus *Ascocentrum* und *Vanda*, zwei Orchideenarten, die in Südostasien beheimatet sind. Unter ihren Vorfahren ist die *Ascocenda* Royal Sapphire und die äußerst begehrte *Vanda coerulea*, die in einem besonderen Blauton blüht. Die Varietät ‚Taynee White' hat jedoch ihre blauen Gene verloren und zeigt stattdessen ein seltenes, milchiges Weiß mit einem Hauch von Grün, das an Mondstrahlen erinnert, die einen nächtlichen Sommergarten erleuchten.

X *ASCOCENDA* PRINCESS MIKASA ‚TAYANEE WHITE'

Liebe auf den ersten Blick

Mit ihrer strahlenden Unschuld besitzt die romantische *Cattleya* alle Qualitäten, um die Gefühle auszudrücken, die eine aufrichtige und entschlossene Liebeserklärung begleiten. Sie bleibt nie unbemerkt, denn ihre wunderschönen Blüten sind so groß, dass sie kaum in die hohlen Hände passen. Ihre feine Zeichnung lädt das Auge ein, jedes Detail zu entdecken. Ihr zarter Duft verführt die Sinne mit samtiger Note. Sie ist weiß, aber nicht empfindlich, denn sie besitzt die ganze Kraft der Spezies, von der sie abstammt und die daran gewöhnt ist, an Schönheit und Robustheit unter den Tausenden von Blumen, die die tropischen Wälder Mittel- und Südamerikas besiedeln, einen der vorderen Plätze einzunehmen. Die seltene und kostbare *Cattleya* fehlt nie in der Sammlung eines Orchideenfreundes, denn fast immer war sie der Auslöser für die Geburt seiner Leidenschaft.

CATTLEYA-HYBRIDE